Rainer Schmidl

Terminaldienste über VPN's

Rainer Schmidl

Terminaldienste über VPN's

GRIN Verlag

Bibliografische Information der Deutschen Nationalbibliothek: Die Deutsche Bibliothek verzeichnet diese Publikation in der Deutschen Nationalbibliografie; detaillierte bibliografische Daten sind im Internet über http://dnb.d-nb.de/ abrufbar.

1. Auflage 2007
Copyright © 2007 GRIN Verlag
http://www.grin.com/
Druck und Bindung: Books on Demand GmbH, Norderstedt Germany
ISBN 978-3-640-17886-5

FOM Fachhochschule für Oekonomie & Management München

Berufsbegleitender Studiengang zum

Diplom-Wirtschaftsinformatiker (FH)

5. Semester

Hausarbeit zum Thema

Terminal-Dienste über VPN's

Autor: Rainer Schmidl

München, den 19. August 2007

Inhaltsverzeichnis

Abkürzungsverzeichnis

AES	Advanced Encryption Standard
AH	Authentication Header
AVP	Attribute Value Pair
CAD	Computer Aided Design
CAL	Client Access Lizenz
CHAP	Challenge Handshake Authentication Protokoll
CER	Customer Edge Router
DES	Data Encryption Standard
E-Banking	Electronic-Banking
ebd.	Ebenda
EDV	Elektronische Datenverarbeitung
ESP	Encapsulating Security Payload
GDI	Graphic Device Interface
HTTP	Hypertext Transfer Protokoll
IBM	International Business Machines
ICA	Independent Computing Architecture
IKE	Internet Key Exchange
IP	Internet Protokoll
IDEA	International Data Encryption Algorithmus
IPSec	Internet Protokoll Security
IPv6	Internet Protokoll Version 6
IPX	Internetwork Packet Exchange
ISDN	Integrated Services Digital Network
ISO	Internationale Organisation für Normung
ISP	Internet Service Provider
IT	Informationstechnik
ITU	International Telecommunication Union
LAC	L2TP Access Concentrator
LAN	Local Area Network
LER	Label Edge Router
LNS	L2TP Network Server
LSR	Label Swtiching Router
L2F	Layer 2 Forwarding
L2TP	Layer 2 Tunneling Protokoll

MD5	Message-Digest Algorithmus 5
MPLS	Multi Protokoll Label Switching
MPPE	Microsoft Point-to-Point Encryption Protokoll
MS-CHAP	Microsoft Challenge Handshake Authentication Protokoll
o. g.	oben genannt
o. J.	ohne Jahresangabe
o. S.	ohne Seitenangabe
OSI-Modell	Open Systems Interconnection Modell
o. V.	ohne Verfasser
PAC	PPTP Access Concentrator
PAP	Password Authentication Protocol
PC	Personal Computer
PIN	Personal Identification Number
PNS	PPTP Network Server
POP3	Post Office Protokoll Version 3
PPP	Point-to-Point Protokoll
PPTP	Point-to-Point Tunneling Protokoll
QoS	Quality of Service
RAC	Remote Access Concentrator
RAS	Remote Access Service
RDP	Remote Desktop Protokoll
S-DSL	Synchron Digital Subscriber Line
SHA	Sicherer Hash Algorithmus
SMTP	Simple Mail Transfer Protokoll
sog.	sogenanntes
SSL	Secure Socket Layer
TCP	Transmission Control Protocol
UMTS	Universal Mobile Telecommunications System
USB	Universal Serial Bus
vgl.	vergleiche
VoiP	Voice-over-IP
VPN	Virtuelles Privates Netzwerk
WAN	Wide Area Network

Abbildungsverzeichnis

1 Einleitung

Die zunehmende Globalisierung und die damit verbundene starke Verflechtung der Unternehmen haben einen enorm ansteigenden Datenaustausch zur Folge. Weltweite Standortvernetzungen, darunter auch die Integration von Kunden bzw. Lieferanten in das eigene Datennetz, gelten als Standard und werden dementsprechend weiter ausgebaut. Neuere Themen wie VoiP[1] (Voice-over-IP) oder IP-Videoconferencing werden zunehmend in die Geschäftsprozesse eingegliedert.

Viele Betriebe haben den Trend bzw. die Möglichkeiten der Telearbeit erkannt und wollen Ihren Mitarbeitern eine Technik zur Verfügung stellen, so dass diese mit Hilfe einer Einwahl in das Internet über einen beliebigen ISP (Internet Service Provider), auf Daten des firmeninternen Netzwerkes auch von außerhalb zugreifen können. Ein fester Bestandteil jeder heutigen IT-Landschaft ist dabei das VPN, das ein kostengünstiges und flexibles Verfahren zum Datenaustausch darstellt. Betriebe können so weltweit auf einfachste Weise mit Verbundunternehmen, Geschäftspartnern, Mitarbeitern oder beliebigen anderen Teilnehmern geschützt über das Internet kommunizieren.

Die Zentralisierung von Rechnersystemen gewinnt auf Grund der immer komplexer werdenden Verwaltung von dezentralen Systemen zunehmend an Bedeutung. Das Mehrbenutzerkonzept der Terminal-Dienste bzw. eines Terminal-Servers stellt sich dabei als zukunftssichere Technologie zur Vereinfachung des Administrationsaufwandes dar.

Zuerst wird in dieser Hausarbeit der Begriff VPN, die geeigneten Sicherheitstechniken sowie die dazugehörigen, standardisierten Tunneling-Protokolle erläutert.

Der zweite Teil setzt sich mit der Thematik der Terminal-Dienste, dem sog. Server-based Computing sowie den speziellen Protokollen der einzelnen Anbieter dieses Segmentes auseinander.

Abschließend wird im letzten Teil untersucht, welche Vorteile bzw. Risiken sich aus der Nutzung von Terminal-Diensten über ein VPN ergeben und ob ein Einsatz in der Praxis sinnvoll ist.

---

[1] Vgl. Ebner, G. (2006) S. 3

2   VPN – Begriffsdefinition

Der Begriff VPN steht für Virtuelles Privates Netzwerk. Es handelt sich hierbei um ein privates Netzwerk, das ein öffentliches Netzwerk[2], wie z. B. das Internet, zur Kommunikation bzw. zum Datenaustausch nutzt.[3]

Das VPN stellt dem jeweiligen Benutzer eine virtuelle IP-Verbindung zur Verfügung, der Datenstrom wird dabei verschlüsselt, um öffentliche Zugriffe auszuschließen und eine Vertraulichkeit der Daten zu gewährleisten.[4] Die VPN-Verbindung erscheint für den jeweiligen Kommunikationspartner als wäre diese eine private Point-to-Point-Verbindung[5], vgl. hierzu Abbildung 1. VPN-Gateways oder auf Firewall-Systemen integrierte VPN-Lösungen übernehmen dabei die technische Realisation.

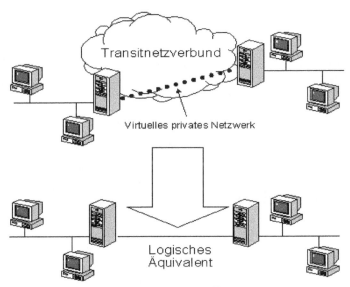

Abbildung 1: Virtuelles Privates Netzwerk (VPN)

Quelle: o. V., Microsoft Deutschland (o. J.) S. 5, Stand: 09.08.2007

---

[2] Im weiteren Verlauf dieser Seminararbeit wird der Begriff VPN immer im Zusammenhang mit einer Nutzung über das Internet als Transportnetzwerk angesehen.

[3] Vgl. Voss, A. (2007) S. 880

[4] Vgl. Lienemann, G. (2002) S. 16f.

[5] Vgl. o. V., Microsoft Deutschland (2003) o. S., Stand 09.08.2007

2.1 VPN-Typen

Je nach Anwendungsfall bzw. Einsatzgebiet werden drei VPN-Typen unterschieden, vgl. Abbildung 2.

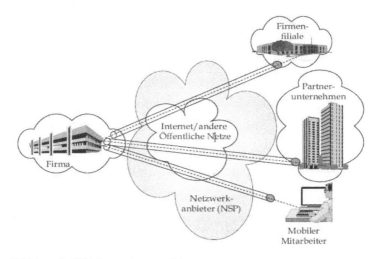

Abbildung 2: VPN-Anwendungsspektrum

Quelle: Böhmer, W. (2005) S. 182

Das Branch-Office-VPN oder auch Site-to-Site-VPN genannt, verbindet unterschiedliche Standorte derselben Firma miteinander.[6] Über VPN-Gateways bzw. Firewall-Systeme wird eine meist dauerhafte Verbindung aufgebaut.[7] Die Clients der einzelnen Standorte brauchen daher keine zusätzliche Software für eine Kommunikation über den VPN-Tunnel, lediglich einen Internetzugang über einen beliebigen ISP, sowie ein VPN-Gateway bzw. ein Firewall-System.

Das Extranet-VPN oder auch End-to-End-VPN bezeichnet eine VPN-Verbindung, bei der eine Firma mit Partnerunternehmen, Zulieferern oder anderen Organisationen, also nicht mit eigenen Firmenfilialen, verbunden ist.[8] Ein Extranet unterschei-

---

[6] Vgl. Böhmer, W. (2005) S. 186f.
[7] Vgl. Plötner, J., Wendzel, S. (2007) S. 238
[8] Vgl. Böhmer, W. (2005) S. 188f.

det sich somit von einem Intranet-VPN nur hinsichtlich der Öffnung des privaten Netzwerkes für externe Personen oder Organisationen.[9]

Das Remote-Access-VPN, auch als End-to-Site-VPN bezeichnet, stellt die klassische Anbindung eines Außendienstmitarbeiters an das Firmennetz dar.[10] Auf dem Computer des Mitarbeiters wird meist eine spezielle VPN-Client-Software benötigt, um einen geschützten Tunnel zum VPN-Gateway der Firmenzentrale herzustellen.[11] Die Verbindung in das Internet ist providerunabhängig und kann jederzeit über einen anderen ISP ausgeführt werden.

2.2 Sicherheitstechnologien

Die Sicherheit der Datenübertragung ist einer der wichtigsten Aspekte eines VPN's. Durch komplexe mathematische, organisatorische und verfahrenstechnische Mechanismen wird diese Sicherheit erreicht. Es gilt die Daten vor Veränderung durch unbefugte Dritte zu schützen, dies wird meist als Datenintegrität bezeichnet.[12] Die Datenvertraulichkeit, also die Sicherstellung der Privatsphäre, ist eine weitere bedeutsame Aufgabe der Sicherheitsmechanismen eines VPN's. Drei der wichtigsten Mechanismen, die Authentifizierung, die Verschlüsselung, sowie das Schlüsselmanagement werden im folgenden Abschnitt näher erläutert.

2.2.1 Authentifizierung

Authentifizierungsmechanismen spielen bei der Übertragung von Informationen über ein VPN eine bedeutende Rolle.[13] Sie stellen sicher, dass nur autorisierte Benutzer bzw. Computer einen VPN-Tunnel aufbauen und die Daten nicht durch gefälschte Absenderadressen manipuliert werden können.[14]

Es werden zwei Authentifizierungsmechanismen unterschieden. Die Paket-Authentifizierung nutzt spezielle Prüfsummenberechnungen, um das ankommende

---

[9] Vgl. Plötner, J., Wendzel, S. (2007) S. 239
[10] Vgl. Böhmer, W. (2005) S. 190
[11] Vgl. Plötner, J., Wendzel, S. (2007) S. 239
[12] Vgl. Lienemann, G. (2002) S. 81
[13] Vgl. Winkler, P. (2007) S. 898
[14] Vgl. Steppuhn, M., ITSecCity (2002) o. S., Stand 10.08.2007

Datenpaket hinsichtlich Unverfälschtheit zu überprüfen. Dabei werden symmetrische Verschlüsselungsverfahren verwendet, sog. Keyed-Hash-Funktionen wie MD5 und SHA. IPSec bspw. nutzt zur Paketauthentifizierung ASH und ESP, die Schlüsselverteilung wird über das IKE-Protokoll (Internet Key Exchange) durchgeführt.

Mit Hilfe der Benutzer-Authentifizierung soll die Identität des Kommunikationspartners sichergestellt bzw. überprüft werden. Die Technologie reicht hier von einfachen Passwortabfragen bis hin zu Zugriffs-Zertifikaten. Die Layer 2 Protokolle nutzen bspw. Passwortverfahren wie PAP und CHAP, IPSec hingegen nutzt zur User-Authentifizierung RADIUS oder X.509. Diese arbeiten mit Zufallszahlen und Hashwerten.[15]

2.2.2 Verschlüsselung

Durch verschiedenste Verschlüsselungsalgorithmen wird gewährleistet, dass die Netzwerkbeziehung von Sender und Empfänger unerkannt bleibt und die Daten für andere Teilnehmer unkenntlich und somit nicht verwendbar sind. Eine Originalnachricht des Senders wird unter Verwendung eines speziellen Algorithmus verschlüsselt und ist somit für Dritte unlesbar. Der Empfänger kann nun mit Hilfe eines Mechanismus den Verschlüsselungsvorgang rückgängig machen, dies wird als Kryptographie bezeichnet.[16] Die Sicherheit der Datenübertragung hängt von dem verwendeten Verschlüsselungsverfahren und dessen Länge ab. Auf Grund der rasch steigenden Rechenleistung sind daher Schlüssellängen von 40 bzw. 56 Bit, diese werden in DES oder MPPE eingesetzt, nicht mehr als sicher zu betrachten. Heutige Standards für Algorithmen sind Triple-DES, IDEA oder AES.[17]

2.2.3 Schlüsselmanagement

Das Schlüsselmanagement eines VPN stellt sicher, dass der Schlüsselaustausch, sowie die Erneuerung der Schlüssel automatisch und gesichert erfolgen. Diese besitzen meist nur eine geringe Lebensdauer und müssen automatisch erzeugt und verteilt werden. „Für die Verschlüsselung und Schlüsselvergabe werden asymmet-

---

[15] Vgl. Böhmer, W. (2005) S. 145
[16] Vgl. Lienemann, G. (2002) S. 44
[17] Vgl. ebd., S. 44ff.

rische Verfahren eingesetzt, d.h. für Vor- und Entschlüsselung werden unterschiedliche Schlüssel verwendet."[18] Diese Technik wird als Public-Key-Verfahren bezeichnet, da hier unter Verwendung eines öffentlichen Schlüssels die Verschlüsselung stattfindet.

2.3   Tunneling-Protokolle

Tunneling-Protokolle bzw. das Tunneling-Verfahren bilden die Basis eines VPN's. Der Begriff Tunneling steht für ein Konzept, indem IP-Datenpakete über öffentliche Netze, bspw. das Internet, geschützt transportiert werden können.[19] Die Daten sind für Dritte unlesbar. Dabei werden die Netzwerkpakete, sowie der IP-Header als Tunnel-Header eingekapselt (Encapsulation).[20] Dieses Verfahren stellt die Grundlage aller VPN-Modelle dar. Die fünf wichtigsten Tunneling-Protokolle werden im Folgenden dargestellt.

2.3.1   PPTP (Layer 2 Tunneling)

Das Point-to-Point-Tunneling-Protokoll (PPTP) ist eine Erweiterung des Point-to-Point-Protokolls (PPP) und arbeitet auf Schicht 2 des OSI-Referenzmodells.[21] Es wurde bereits in den Betriebssystemen Windows 95 sowie NT 4.0 eingesetzt und in späteren Betriebssystemversionen implementiert. Das PPTP unterstützt für den Datentransport diverse Protokolle wie IP, IPX und NETBUI und ist somit sehr flexibel einsetzbar.

Durch eine Einwahl über einen RAS (Remote-Access-Server) ist es dem Benutzer möglich, eine Verbindung in das jeweilige Netzwerk aufzubauen. Ein Verbindungsaufbau kann nur auf Anforderung des Clients stattfinden, einem sog. Dial-In. Der Tunneleinstieg findet über den PPTP Access Concentrator (PAC), der Tunnelausgang über den PNS (PPTP Network Server) statt. Dabei wird eine virtuelle TCP-Verbindung generiert. Es kann jeweils nur ein Tunnel zwischen PAC und PNS aufgebaut werden.[22]

---

[18] o. V., Voip-Information (o. J.) o. S., Stand 10.08.2007
[19] Vgl. Böhmer, W. (2005) S. 206f.
[20] Vgl. Lipp, M. (2006) S. 75
[21] Das OSI-Referenzmodell ist das bekannteste Modell zur Beschreibung herstellerunabhängiger, offener Kommunikationsarchitekturen
[22] Vgl. o. V., Voip-Information (o. J.) o. S., Stand 09.08.2007

Die Daten werden über die Microsoft Point-to-Point Encryption (MPPE) mit einem RC4-Algorithmus verschlüsselt. Da der RC4-Algorithmus nur eine Schlüssellänge von 40 Bit aufweist, gilt das PPTP als sehr unsicher.[23] Für die Authentifizierung werden die Mechanismen des PPP's benutzt, das Password Authentificiation Protokoll (PAP), das Challenge Handshake Authentification Protokoll (CHAP), sowie das von Microsoft entwickelte MS-CHAP.[24]

2.3.2 L2TP (Layer 2 Tunneling)

Das L2TP (Layer 2 Tunneling Protokoll) bezieht sich auf die Schicht 2 des OSI-Referenzmodells, da hier Pakete der Sicherungsschicht eingekapselt werden.[25] L2TP ist eine Kombination aus PPTP und L2F und wurde von der Firma Cisco Systems entwickelt. Das L2TP ist sehr weit verbreitet, als Industriestandard anerkannt und wird standardmäßig von Windows 2000 bzw. Windows XP unterstützt.[26] Beim Layer 2 Tunneling Protokoll wird zwischen zwei Paketformattypen unterschieden. Es gibt einerseits das Datenpaket, dieses übernimmt den Transport der PPP-Pakete, sowie andererseits das Steuerungspaket, welches die AVP-Informationen (Attribute Value Pair) in einer Header-Erweiterung beinhaltet.[27] Der Tunnel wird im RAC (Remote Access Concentrator) des Service-Providers über einen LAC (L2TP Access Concentrator) aufgebaut. Die Gegenstelle bildet der LNS (L2TP Network Server), der auf Routern oder VPN-Gateways integriert ist.[28]

Das L2TP ist multiprotokollfähig und kann deshalb mit verschiedenen Netzwerkprotokollen kommunizieren. Die Angaben des jeweiligen Netzwerkprotokolls, bspw. IP, IPX, NETBUI werden im PPP-Header mit übergeben. Ein L2TP Tunnel kann auf Anforderung eines Endgerätes (Dial-In) oder des jeweiligen Netzwerk-Servers (Dial-Out) aufgebaut werden.[29] Als gravierender Nachteil dieses Protokolls sind die geringen Sicherheitsmechanismen zu nennen. CHAP bzw. PAP bieten nur eine

---

[23] Vgl. Schneier, B., Schneier.com (1998) S. 4, Stand 10.08.2007

[24] Vgl. o. V., Voip-Information (o. J.) o. S., Stand 09.08.2007

[25] Vgl. Lipp, M. (2006) S. 78

[26] Vgl. Böhmer, W. (2005) S. 217

[27] Vgl. Lienemann, G. (2002) S. 119

[28] Vgl. Lipp, M. (2006) S. 79f.

[29] Vgl. Böhmer, W. (2005) S. 218ff.

Basis an Sicherheit, sollten deshalb durch weitere Sicherheitsprotokolle wie z.B. IPSec ergänzt werden.[30]

2.3.3 IPSec (Layer 3 Tunneling)

Das IPSec-Protokoll (Internet Protocol Security) arbeitet auf der Layer 3 Schicht des OSI-Modells und setzt daher eine Schicht höher als das L2TP-Protokoll an.[31] IPSec wurde ursprünglich für IPv6 entwickelt und ist auch in diesem bereits integriert. Der IPSec-Tunnel unterstützt nur den IP-Verkehr, bspw. das IPX-Protokoll wird nicht unterstützt. Er besteht aus einem Tunnelclient und einem Tunnelserver.[32] Das Hauptentwicklungsziel bestand darin, das unsichere IP-Protokoll im Bezug auf Verfälschung sowie Abhörung des Datenaustausches zu sichern. Dies wird durch Authentifizierungs- und Integritätsmechanismen, sowie verschiedenste Verschlüsselungsmethoden erreicht.

Das IPSec-Protokoll kann in zwei verschiedenen Modi eingesetzt werden. Im Transportmodus wird die Nutzlast des IP-Paketes durch Hinzufügen eines IPSec-Kopfes verschlüsselt. Dies erhöht die Größe des IP-Paketes um einige Bytes. Die IP-Adressen der Clients sind bei diesem Modus jedoch ersichtlich. Der Tunnelmodus hingegen verschlüsselt neben den IP-Paketen auch die Quell- und Zieladresse, hierdurch erhöht sich der Umfang des IP-Paketes erneut.[33]

Es werden grundsätzlich zwei Tunnel-Methoden unterschieden. Es gibt den freiwilligen Tunnel, hierbei baut der Client über eine beliebige Einwahltechnik eine Verbindung in das Internet auf. Diese wird anschließend verwendet, um einen gesicherten Kanal zum Tunnelserver herzustellen. Beim Pflichttunnel wird der Tunnel zum Zielsystem vom ISP aufgebaut. Der Client ist lediglich für die Einwahl in das Internet zuständig.[34]

Die Hauptbestandteile von IPSec sind das AH-Protokoll, dieses ist für die Authentifizierung zuständig, das ESP-Protokoll (Encapsulating-Security-Payload-Protokoll), dieses garantiert die Vertraulichkeit der zu übertragenden IP-Pakete sowie das

---

[30]Vgl. o. V., IT-SecCity (2004) o. S., Stand 09.08.2007

[31] Vgl. Hartmann, M., Tecchannel (2000) o. S., Stand 09.08.2007

[32] Vgl. Schreiner, R. (2007) S. 149

[33] Vgl. Böhmer, W. (2005) S. 238f.

[34] Vgl. Hartmann, M., Tecchannel (2000) o. S., Stand 09.08.2007

Schlüsselmanagement, welches bspw. durch IKE (Internet-Key-Exchange) übernommen werden kann.[35] Alle drei Bestandteile können auf beliebige Weise kombiniert und eingesetzt werden.[36]

2.3.4 SSL/SSL-VPN (Layer 4 Tunneling)

Secure Sockets Layer (SSL) ist ein ursprünglich von Netscape entwickeltes Protokoll, um Verbindungen durch einen verschlüsselten Kanal zu tunneln. Dadurch kann ein unsicheres Protokoll wie POP3 oder SMTP ohne Veränderung am eigentlichen Protokoll, durch Verschlüsselung gesichert werden.

Es ist somit möglich, das unverschlüsselte HTTP-Protokoll für sensible Datenübertragungen, wie z. B. Homebanking, nutzen zu können.[37] Das HTTP-Protokoll wird hierbei um eine zusätzliche Sicherheitskomponente erweitert, die eine sehr starke Authentifizierung, via digitaler Signaturen und Zertifikaten, des Webservers gegenüber dem Browser des Benutzers ermöglicht. Eine Authentifizierung des Benutzers gegenüber dem Webserver findet zumeist nicht statt, jedoch wird auf Applikationsebene eine Benutzerauthentifizierung bspw. über Kennwörter oder E-Banking-PIN's durchgeführt.[38] SSL setzt hierbei auf der Layer 4 Schicht (Transportschicht) des OSI-Modells auf und ist applikationsbezogen, unterstützt selbst allerdings kein Tunneling.[39]

Eine beidseitige Authentifizierung per Signatur ist in SSL generell möglich. Diese Funktion macht sich ein SSL-VPN zu nutzen. Hierbei wird die HTTP-Verbindung zwischen Browser und Server verwendet, um eine sichere, verschlüsselte Kommunikation herzustellen.[40] Dies wird als Applikation-zu-Applikation-Sicherheit bezeichnet, IPSec hingegen bietet bspw. eine Ende-zu-Ende-Sicherheit. Die Verschlüsselung kann dabei über unterschiedlichste Algorithmen wie DES, Triple-DES, RC4 oder AES abgehandelt werden.[41] Ein großer Vorteil eines SSL-VPN's ist die unproblematische Nutzung mit unterschiedlichsten Clients, da hier keinerlei Software

---

[35] Vgl. Fordermaier, M., Heuckendorf, B.I. (2003) S. 664
[36] Vgl. Böhmer, W. (2005) S. 231ff.
[37] Vgl. ebd., S. 283
[38] Vgl. Lipp, M. (2006) S. 259
[39] Vgl. ebd., S. 257
[40] Vgl. Böhmer, W. (2005) S. 282
[41] Vgl. Lipp, M. (2006) S. 100

installiert werden muss. Lediglich ein geeigneter Webbrowser, sowie eine Internet-
verbindung sind Voraussetzung, um eine Verbindung aufbauen zu können.

2.3.5 Multiprotokoll Label Switching/MPLS-VPN (Layer 2 Tunneling)

Die Multiprotokoll Label Switching Technologie (MPLS) ist neben SSL die derzeit
jüngste Entwicklung einen VPN-Kanal herzustellen. Der VPN-Tunnel setzt bei dieser Methode auf Layer Schicht 2 des OSI-Modells auf.[42] MPLS ist eine vom ISP zur
Verfügung gestellte Technik, diese ist für das komplette Management des VPN-
Netzes verantwortlich. Für den Endkunden ist das MPLS meist nicht sichtbar, da es
im LER (Label Edge Router) des Internet-Carriers beginnt.

Die wichtigsten Komponenten eines MPLS-Netzwerkes sind der LSR, LER und der
CER. Der LSR (Label Swtiching Router) führt anhand des erkennbaren Labels die
Weiterleitung der IP-Pakete durch und ist in der Regel im Netzwerk des ISP integ-
riert. Der LER weist den einzelnen IP-Paketen sog. Labels zu und bildet die
Schnittstelle zwischen MPLS-Netzwerk und IP-Netzwerk.[43] Der CER (Customer
Edge Router) ist als Endpunkt beim Kunden installiert, besitzt WAN-seitig bspw.
einen S-DSL-Anschluss und kommuniziert LAN-seitig mit dem IP-Netzwerk des
Kunden.[44]

Die Daten sind im MPLS-Netzwerk grundsätzlich unverschlüsselt, können jedoch
nur vom ISP gelesen werden. Um ein MPLS-Netzwerk dennoch abzusichern, stellt
sich die Frage, ob ein zusätzliches Sicherheitsprotokoll wie bspw. IPSec eingesetzt
werden sollte.[45] Hierdurch entfallen allerdings Vorteile der MPLS-Technik, da eine
zusätzliche Verschlüsselung eine Erhöhung des Datenpaketes nach sich zieht und
somit eine Leistungsverringerung die Folge ist.[46]

Die MPLS-Technologie trägt erheblich zur Leistungssteigerung in Weitverkehrsnet-
zen bei und ist deshalb bspw. für VoiP optimal geeignet, da ein Quality-of-Service
(Qos) garantiert werden kann.

---

[42] Vgl. Lipp, M. (2006) S. 82f.
[43] Vgl. Augustin, M., Kleinschmidt, S., Kröger, S., Institut für Informatik (2003) S. 23ff., Stand
    10.08.2007
[44] Vgl. Lienemann, G. (2002) S. 122ff.
[45] Vgl. Lipp, M. (2006) S. 82
[46] Vgl. Plötner, J., Wendzel, S. (2007) S. 241

Auch das Firewall-System des Kunden kann bspw. bei einer MPLS Lösung komplett beim ISP integriert werden. Der Kunde erhält in diesem Fall einen Web-Zugang zum System, um das weitere Management abzuwickeln. Diese Situation ist in Abbildung 3 ersichtlich.

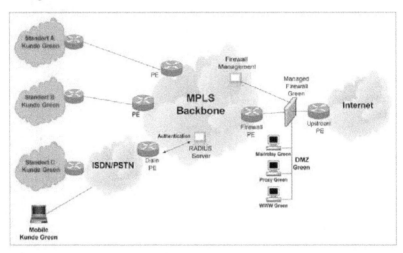

Abbildung 3: MPLS basiertes VPN

Quelle: o. V., MTS-Teleservice (o. J.) S. 3, Stand 15.08.2007

3   Terminal-Dienste (Server-based Computing)

Der Grundgedanke eines Terminal-Servers ist die zentrale Anwendungsbereitstellung auf einem oder mehreren Server-Systemen, sowie die Ausführung und Verwaltung auf diesen.[47] Anstatt jede Anwendung auf jedem einzelnen Arbeitsplatz zu installieren, erfolgt die Installation nur auf einem zentralen Server bzw. einer Serverfarm. Dieser stellt die Anwendungen den Clients zur Verfügung.[48] Dies wird durch Abbildung 4 veranschaulicht.

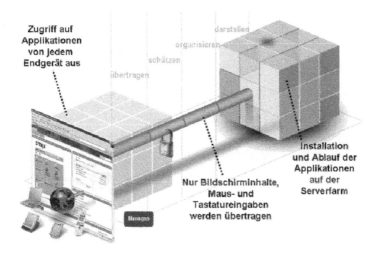

Abbildung 4: Funktionsweise der Terminal-Dienste

Quelle: o. V., Ifaktor GmbH (o. J.) o. S., Stand 15.08.2007

Über das Netzwerk werden die grafischen Darstellungen der einzelnen Bildschirminhalte vom Server an den jeweiligen Client übermittelt. Der Arbeitsplatz sendet die Eingaben der Tastatur bzw. Maus an den Terminal-Server, die Hardware übernimmt in der Regel jedoch selbst keine weiteren Aufgaben und wird dementsprechend entlastet.[49] Der Zugriff vom Client auf den Server findet über Terminal-

---

[47] Vgl. Dreyer, C. (2002) S. 20
[48] Vgl. Fordermaier, M., Heuckendorf, B.I. (2003) S. 145
[49] Vgl. Larisch, D. (2005) S. 3

Serverprotokolle statt, die auf eine Minimierung der Bandbreite ausgerichtet sind.[50] Vorreiter dieser Technologie ist die Firma Citrix unter Nutzung des ICA-Protokolls. Das ICA-Protokoll setzt auf den Windows Terminal-Diensten der Firma Microsoft auf und ergänzt diese. Neben Windows und Citrix eignen sich auch Unix- und Linux-Systeme hervorragend für den Einsatz im Terminal-Serverbereich. In der Regel wird hier das X11-Protokoll oder eine davon modifizierte Version verwendet, das für die grafische Oberfläche zuständig ist.[51] Es gibt eine Vielzahl an Mehrbenutzerprojekten, bspw. Nomachine NX, Tarantella oder das Linux Terminal Server Project.[52] Da diese im Vergleich zu den Microsoft bzw. Citrix Produkten einen eher geringen Anteil des Marktes ausmachen, werden sie im folgenden Verlauf der Arbeit nicht weiter berücksichtigt.

3.1 Entstehung der Terminal-Dienste

Die ersten Entwicklungen einer zentralen Anwendungsbereitstellung begannen bereits 1978. Ed Iacobucci, damaliger Entwickler des Betriebssystems OS/2 bei IBM, versuchte eine Mehrbenutzerfähigkeit für das Server-Betriebssystem OS/2 zu integrieren. IBM verkannte jedoch das Potential einer derartigen Lösung und das Projekt wurde eingestellt. Um seine Idee trotzdem weiter voranzutreiben, gründete Ed Iacobucci 1989 die Firma Citrix.

Eine Mehrbenutzerfähigkeit des Betriebssystems Windows wurde in der Version Windows NT 3.50 bzw. 3.51 angedacht. Um dies zu realisieren wurde die Firma Citrix von Microsoft beauftragt. Diese erhielt 1994 Zugriff auf den Quellcode des Betriebssystems Windows NT Version 3.50, um darauf eine Adaption für eine Mehrbenutzerfähigkeit zu schaffen.[53] Unter dem Namen Winframe wurde das Produkt sehr erfolgreich von der Firma Citrix vermarktet. Auf Grund des enormen Erfolges beschloss Microsoft am 12. Mai 1997 das Produkt der Firma Citrix zu lizenzieren und selbst unter dem Namen „MultiWin" zu vertreiben.[54]

---

[50] Vgl. Larisch, D. (2005) S. 4
[51] Vgl. Plötner, J., Wendzel, S. (2007) S. 147
[52] Vgl. Sebald, A. (2004) o. S., Stand 15.08.2007
[53] Vgl. Tritsch, B. (2003) S. 3
[54] Vgl. Larisch, D. (2005) S. 5

Da die MultiWin-Schnittstelle auf einem modifizierten Windows NT 4.0 Kernel auf-
setzte und dafür gesonderte Service-Packs bzw. Hotfixes notwendig waren, integrierte Microsoft alle für eine Mehrbenutzerfähigkeit relevanten Dienste in Windows
2000 Server von Anfang an. Es entstanden die Windows Terminal-Dienste.

Die Integration der Terminal-Dienste in das Betriebssystem Windows 2000 Server
hatte zur Folge, dass ab diesem Zeitpunkt ein zentrales Betriebssystem vermarktet
wurde und eine einheitliche Verwaltung der Service-Packs gegeben war.

Mit Windows 2003 Server, der derzeit aktuellen Windows-Server-Version, wurde
das RDP-Protokoll um eine schnellere Datenübertragung sowie ein Sitzungsver-
zeichnis ergänzt, zur Verbesserung der Bedienung der Terminal-Dienste. Weitere
Features z. B. Schnittstellen für Sound, USB, Com und Smart-Card, eine Printer-
Redirection sowie eine Grafik-Optimierung auf High-Color (24-Bit) wurden integriert.[55]

3.2 Microsoft Windows Terminal-Server / Das RDP-Protokoll

Der Microsoft Windows Server stellt die Basis einer Mehrbenutzerfähigkeit unter
Windows dar. Nach spezieller Konfiguration des Servers stehen die Terminal-
Dienste zur Verfügung und können mit Hilfe des RDP-Protokolls (Remote Desktop
Protokoll) genutzt werden.

Das RDP-Protokoll ist ein Kommunikationsprotokoll, bestehend aus vier Schichten,
der ISO-Adaptions-, der MCS-, der Sicherheits- und der RDP-Schicht.[56] Es dient
zur Kommunikation zwischen einem Client und dem Terminal-Server und wurde ab
1997 von der Firma Microsoft in Zusammenarbeit mit der International Telecom-
munication Union (ITU) entwickelt.[57] Es ist grundsätzlich in allen Windows-Server-
Varianten ab Version Windows Server 2000 vorhanden und kann nur über TCP/IP-
Netzwerke ausgeführt werden.[58] Das RDP-Protokoll ist prinzipiell unabhängig von
den Windows Terminal-Diensten und kann folglich auch durch Protokolle anderer
Hersteller ausgetauscht werden (vgl. Kapitel 3.3).[59]

---

[55] Vgl. Larisch, D. (2005) S. 7
[56] Vgl. Flügel, C. (2002) S. 17ff., Stand 15.08.2007
[57] Vgl. Tritsch, B. (2003) S. 79
[58] Vgl. ebd., S. 70
[59] Vgl. Fordermaier, M., Heuckendorf B.I. (2003) S. 145

Die Kommunikation des RDP-Protokolls zwischen Client und Server findet größtenteils asymmetrisch statt, d.h. der größere Teil der Daten wird vom Server an den Client übertragen, lediglich die Interaktionen der Maus bzw. Tastatur überträgt der Client zum Server.[60] Das Bild des Servers wird dabei als Rastergrafik (Bitmap) an den Client transportiert. Bei der Übertragung der Benutzeroberfläche vom Server an den Client, v. a. beim Starten einer großflächigen Anwendung bzw. Grafik kann ein Datenaufkommen von mehreren Megabytes und somit eine entsprechend starke Belastung des Netzwerkes entstehen. Es wurde deshalb hauptsächlich auf die Optimierung der Kompression von Grafiken ein spezielles Augenmerk gelegt. Insbesondere bewegte Bilder stellen eine besondere Herausforderung bei der Übertragung dar. Um dieses Problem zu lösen wurde ein sog. Cache, d.h. ein Zwischenspeicher auf dem Client eingeführt, der häufig verwendete Bildelemente abspeichert und bei Bedarf zur Anzeige bringt.[61]

Eine Sicherheitsschicht mit Verschlüsselungs- bzw. Signaturdiensten wurde in das RDP-Protokoll integriert, um die Daten vor Manipulation bzw. Abhörangriffen zu schützen. Die Verschlüsselung wird über den RC4-Algorithmus der RSA Inc. abgebildet. Einer möglichen Manipulation der Daten wird mit einer Signatur aus Kombination der MD5 und SHA-1 Algorithmen entgegengewirkt. Zusätzlich übernimmt die Sicherheitsschicht die Übertragung der Benutzerauthentifizierung, sowie die zugehörige Lizenzierung.[62] Um eine höhere Leistungsfähigkeit zu erreichen, werden alle restlichen Dienste auf einen Kernel-Treiber gelegt.[63]

3.3   Citrix MetraFrame XP Presentation Server / Das ICA-Protokoll

Der Citrix MetaFrame XP Presentation Server stellt kein eigenes Betriebssystem dar, er erweitert das jeweilige Microsoft Server Betriebssystem bzw. baut exakt darauf auf, d.h. die Microsoft Windows Terminal-Dienste müssen vorhanden sein.[64]

Durch die Installation der aktuellsten Citrix Produktreihe, dem MetaFrame XP Presentation Server, auf dem Windows Terminal-Server wird auf diesem das RDP-

---

[60] Vgl. Plötner, J., Wendzel, S. (2007) S. 236
[61] Vgl. Tritsch, B. (2003) S. 82f.
[62] Vgl. ebd., S. 80
[63] Vgl. ebd., S. 81
[64] Vgl. ebd., S. 325

Protokoll um das ICA-Protokoll (Independent Computing Architecture) ergänzt.[65] Das durch die Firma Citrix entwickelte ICA-Protokoll ist im Vergleich zum RDP-Protokoll deutlich leistungsfähiger und enthält weitaus mehr Funktionen.[66] Durch Unterstützung von GDI-Aufrufen bzw. starker Kompression der Datenströme ist mit dem ICA-Protokoll im Vergleich zum RDP-Protokoll, eine weitaus höhere Leistungsfähigkeit, gerade bei geringer Netzwerkbandbreite, erreichbar.[67] Des Weiteren ist das ICA-Protokoll optimiert für Druckumleitungen sowie Port-Redirection. Eine Port-Redirection ermöglicht unter Citrix Presentation Server den Zugriff auf Standardschnittstellen, bspw. COM-Anschlüsse. So kann der Client auf lokale Geräte wie serielle Drucker oder Modems in der Terminal-Sitzung zurückgreifen. Über einen universellen Druckertreiber können verschiedenste Druckertypen über die Terminal-Sitzung genutzt werden. Auch die Verwaltung des Servers ist mit Citrix MetaFrame bzw. dem ICA-Protokoll im Vergleich zum Windows Terminal-Server bzw. dem RDP-Protokoll deutlich übersichtlicher.[68] Eine Verschlüsselung der Daten erfolgt über den DES bzw. RSA Algorithmus und besitzt daher in etwa den gleichen Sicherheitsstandard wie das RDP-Protokoll.

Das ICA-Protokoll ermöglicht durch seine Unterstützung heterogener Umgebungen den Verbindungsaufbau für mehr als 20 verschiedene Clientbetriebssysteme.[69] Darunter fallen alle 16 bzw. 32 Bit Windows-Versionen, Windows CE, DOS 4.0 und höher, JAVA, OS/2, Unix, Linux, Apple Macintosh sowie verschiedenste Pocket-Pc's.[70]

---

[65] Vgl. Larisch, D. (2005) S. 4
[66] Vgl. Tritsch, B. (2003) S. 319
[67] Vgl. ebd., S. 326f.
[68]Vgl. Sterl, P., Fachhochschule München (2004) S.17, Stand 11.08.2007
[69] Vgl. Dreyer, C. (2002) S. 138
[70] Vgl. Tritsch, B. (2003) S. 342

4   Einsatz von Terminal-Diensten über VPN's

Sowohl VPN-Systeme als auch Terminal-Dienste bieten für viele Unternehmen unterschiedlichste Vor- und Nachteile. Im folgenden Abschnitt wird die Einrichtung der Terminal-Dienste über ein VPN beschrieben, unternehmensspezifische Voraussetzungen benannt und anhand verschiedener Kriterien analysiert, ob die Kombination beider Systeme, d.h. der Einsatz von Terminal-Diensten über ein VPN, sinnvoll ist.

4.1   Einrichtung im Unternehmen

Entscheidet sich ein Unternehmen für Terminal-Dienste über ein VPN, so kann zwischen verschiedensten VPN-Tunneling-Protokollen (vgl. Kapitel 2.3) gewählt werden, um die jeweiligen Standorte zu verbinden, soweit noch keine VPN-Verbindung vorhanden ist. Dies stellt die Basis für den Einsatz von Terminal-Diensten dar.

An den zu vernetzenden Standorten müssen die bereits vorhandenen Clients mit den Terminal-Diensten in Form des RDP- oder ICA-Protokolls ausgestattet werden. Als Alternative dazu können Thin-Clients eingesetzt werden, d. h. für die Nutzung von Terminal-Diensten optimierte Pc's. In diesen sind die Terminal-Dienste-Protokolle meist standardmäßig integriert.

Die Terminal-Clients können nun mit Hilfe des VPN-Tunnels eine Verbindung zum Hauptstandort aufbauen. Dort muss eine entsprechende Serverfarm eingerichtet werden. Dies bedeutet, dass mehrere gleichartige, rechenstarke Server die untereinander vernetzt werden, die Terminal-Dienste bereitstellen. Entsprechende Applikationen müssen auf den Terminal-Servern installiert werden, um den Clients diese Anwendungen zur Verfügung stellen zu können.

Bei der anschließenden Nutzung der Terminal-Dienste ist es für den User belanglos, welche VPN-Tunneling-Protokolle zur Kommunikation verwendet werden, da es für ihn nicht ersichtlich ist und keinen Einfluss auf seinen Client hat. Entscheidend für die Arbeitsgeschwindigkeit der Terminal-Sitzung ist die Bandbreite des jeweiligen Standortes und dessen Firmenzentrale. Schnelle S-DSL Anschlüsse sind hierbei von Vorteil, um eine optimale Datenübertragung, v. a. beim Betrieb von zahlreichen Clients, gewährleisten zu können.

4.2   Unternehmensspezifische Voraussetzungen

Grundsätzlich eignet sich jedes Unternehmen mit mehreren Firmenstandorten für den Einsatz von Terminal-Diensten über ein VPN, da es keine zwingenden unternehmensspezifischen Voraussetzungen gibt. Auch bei Firmen mit einem Standort kann eine Kombination dieser Systeme sinnvoll sein, wenn dadurch bspw. Partnerunternehmen oder Außendienstmitarbeiter vernetzt werden. Es kann keine pauschale Aussage über die Sinnhaftigkeit einer Kombination getroffen werden, da sich nicht jede Firma gleichermaßen eignet.

Besonders gute Voraussetzungen hat ein Betrieb mit verschiedenen Standorten und einer sehr homogenen Software-Landschaft, da hier nur wenige Programme auf dem Terminal-Server bzw. der Terminal-Serverfarm installiert werden müssen. Es sollte darüber hinaus beachtet werden, dass einige Anwendungen, darunter CAD-, Grafik-, Video- und Benchmarkprogramme sowie diverse Spezialanwendungen, nicht für Terminal-Server geeignet sind.[71]

4.3   Vorteile

Die Einführung von Terminal-Diensten über ein VPN bietet dem Unternehmen die Möglichkeit, die bestehenden IT-Strukturen zu vereinheitlichen. Dies ist sinnvoll, wenn die betroffene Firma verschiedene Tochterfirmen mit eigenen IT-Systemen an unterschiedlichen Standorten besitzt. Dabei wird in den jeweiligen Tochterunternehmen die komplette EDV-Landschaft aufgelöst, es verbleiben dort wenn möglich nur Thin-Clients. Am Hauptsitz wird das aufgelöste IT-Equipment zentralisiert. Durch eine Vereinheitlichung der IT in allen Standorten und die Zentralisierung der Serversysteme ergibt sich eine einfachere Administration, da von einem zentralen Standort alle Tochterunternehmen verwaltet werden können. Das Deployment von Service-Packs oder neuen Applikationen kann auf einfachste Weise auf dem zentralen System vorgenommen werden, eine Verteilung auf dezentrale Clients ist überflüssig. Der User-Support kann den Benutzer der Terminal-Serveranwendung durch Spiegelung der Anwendungssitzung im Problemfall besser unterstützen.

Da in den einzelnen Filialen bei Nutzung von Terminal-Diensten über VPN's lediglich Thin-Clients betrieben werden und nicht mehr komplexe IT-Strukturen an je-

---

[71] Vgl. Tritsch, B. (2003) S. 85

dem einzelnen Standort verwaltet werden müssen, kann das Unternehmen dadurch Kosten sparen. Zum einen Personalkosten, da keine EDV-Betreuung vor Ort nötig ist, zum anderen laufende Kosten für die Administration und Wartung der neuen Pc-Arbeitsplätze. Auch die Lebensdauer eines Thin-Clients ist im Vergleich zu einem normalen Pc-Arbeitsplatz deutlich länger, folglich besteht hier mittel- bis langfristig ein Einsparpotential.[72]

Nutzt man bei Terminal-Diensten anstatt einer teuren Festverbindung im In- und oder Ausland die flexible VPN-Technologie über das günstigere Internet, z. B. über UMTS, DSL oder ISDN, können weitere Kosten gespart werden.[73] Gerade bei langsamen WAN-Verbindungen über zahlreiche Internetknotenpunkte ist ein Einsatz von Terminal-Diensten über ein VPN sinnvoll, da ein schnellerer Kommunikationsaustausch stattfinden kann. Da bei diesem Datenaustausch nur Bildschirminhalte sowie die Interaktionen der Tastatur bzw. Maus übertragen werden und eine zusätzliche Verschlüsselung durch das VPN erfolgt, gilt eine Terminal-Sitzung als stark geschützte Verbindung.[74]

Terminal-Dienste über VPN's erleichtern in einigen Punkten die Administration deutlich und bringen Vorteile, jedoch sind auch Probleme bei der Ausführung von Applikationen auf dem zentralen System möglich.

4.4   Nachteile

Die Zentralisierung der IT hat zur Folge, dass auf die Ausfallsicherheit des IT-Systems besonders geachtet werden muss. Dies ist im Gegensatz zu dezentralen Pc-Systemen ein Nachteil, da eine Störung des VPN's bzw. der Terminal-Dienste eine negative Auswirkung auf alle verbundenen Standorte und dessen Clients hat. Diese können während eines Ausfalles nicht genutzt werden. Lösungen und Methoden zur Erhöhung der Ausfallsicherheit und zur Absicherung im Störungsfall sind sehr kostspielig und können zumeist nur von Großunternehmen oder größeren mittelständischen Firmen finanziert werden. Als mögliche Lösung wären die Absicherung   des   VPN's   durch   Hot-Standby-VPN-Gateways[75]   oder   Backup-

---

[72] Vgl. Schindler, M., CNET Networks Deutschland GmbH (2007) o. S., Stand 15.08.2007
[73] Vgl. Lienemann, G. (2002) S. 17
[74] Vgl. Sterl, P., Fachhochschule München (2004) S. 25, Stand 11.08.2007
[75] Vgl. o. V., Bundesamt für Sicherheit in der Informatik (o. J.) o. S., Stand 10.08.2007

Standleitungen[76] und die Erhöhung der Sicherheit von Terminal-Servern durch Clustering[77] zu nennen.

Die Verlagerung der Benutzer aller Standorte auf ein einheitliches System bringt eine steigende Komplexität der Verwaltung der Terminal-Server mit sich. Kompatibilitäts- und Druckertreiberprobleme stellen neue Anforderungen an die IT-Administration. Dies bedeutet einen deutlichen Mehraufwand für die Verantwortlichen dieser Systeme.

Die enormen Anschaffungskosten für die benötigte Serverlandschaft sowie die hohen Lizenzkosten für die Betriebssysteme und dessen Client-Access-Lizenzen (CAL's) stellen einen großen Nachteil dar.

4.5 Resumée

Nach Abwägung der Vor- und Nachteile lässt sich zusammenfassend feststellen, dass der Einsatz von Terminal-Diensten über ein VPN für viele Unternehmen durchaus sinnvoll ist, da dadurch u. a. Kosten gespart werden können. Dies lässt sich jedoch nicht verallgemeinern. Jeder Betrieb muss mit seinen spezifischen Gegebenheiten die möglichen individuellen Chancen und Risiken bei Kombination der beiden Systeme gewichten und entscheiden ob eine Investition langfristig für das Unternehmen rentabel ist.

---

[76] Vgl. o. V., Netopia Deutschland (2001) o. S., Stand 10.08.2007
[77] Vgl. Heine, C., RootGrrls (2001) o. S., Stand 10.08.2007

Literaturverzeichnis

Buch- und Artikelquellen

Böhmer, W. (2005): VPN – Virtual Private Networks, 2. Auflage, München 2005

Dreyer, C. (2002): Citrix MetaFrame und Windows Terminal Services, 1. Auflage, Bonn 2002

Ebner, G. (2006): Voice over IP. Grundlagen, Einrichtung und Konfiguration, Heidelberg 2006

Larisch, D. (2005): Citrix Presentation Server, München 2005

Lienemann, G. (2002): Virtuelle Private Netzwerke, Berlin 2002

Lipp, M. (2006): VPN – Virtuelle Private Netzwerke – Aufbau und Sicherheit, München 2006

Plötner, J., Wendzel, S. (2007): Netzwerk-Sicherheit, 2. Auflage, Bonn 2007

Schreiner, R. (2007): Computer Netzwerke. Von den Grundlagen zur Funktion und Anwendung, 2. Auflage, München 2007

Tritsch, B. (2003): Microsoft Windows Server 2003 Terminaldienste, 1. Auflage, Unterschließheim 2003

Voss, A. (2007): Das große Pc & Internet Lexikon 2007, Düsseldorf 2007

Winkler, P. (2007): Computer Lexikon 2007, München 2007

Internetquellen

Augustin, M., Kleinschmidt, S., Kröger, S., Technisches Universittät Berlin (2003): ATM und MPLS, http://wwwpc.prz.tu-berlin.de/me/lehre/NWQoS/IntServDiffServMPLS/ATMundMPLS.pdf, Stand 10.08.2007

Flügel, C., Friedrich Alexander Universität (2002): Entwurf und Implementierung eines RDPClients für das Java-Betriebssystem JX, http://www4.cs.fau.de/Projects/JX/publications/SA-I4-2002-11-Fluegel.pdf, Stand 15.08.2007

Hartmann, M., TecChannel (2000): VPN: Daten sicher übers Internet, http://www.tecchannel.de/sicherheit/grundlagen/401308/index4.html, Stand 09.08.2007

Heine, C., RootGrrls (2001): Sicher ist sicher: Webserver im Netz und doppeltem Boden, http://www.weblogwerkstatt.de/archives.php?id=A20010363, Stand: 10.08.2007

o. V., VoiP-Information (o. J.): VPN (Virtual Private Network), http://www.voip-information.de/vpn/point-to-point-tunneling.html, Stand 10.08.2007

o. V., Bundesamt für Sicherheit in der Informationstechnik (o. J.): Sicherheitsgateways und Hochverfügbarkeit, http://www.bsi.bund.de/gshb/deutsch/m/m02302.htm, Stand 10.08.2007

o. V., Netopia Deutschland (2001): Implementierung von DSL-Backup-Diensten für
kleine und mittlere Unternehmen,
http://www.brainworks.de/Site/hersteller/netopia/dokumente/netopia_backup.
pdf, Stand 10.08.2007

o. V., Microsoft Deutschland (o. J.): Virtuelle private Netzwerke (VPN): Eine Übersicht, http://omen.cs.uni-
magdeburg.de/itiamsl/cms/upload/lehre/winter03_04/mswpvpn.pdf, Stand
09.08.2007

o. V., Microsoft Deutschland (2003): VPN mit Windows Server 2003: Überblick,
http://www.microsoft.com/germany/technet/datenbank/articles/600283.mspx,
Stand 09.08.2007

o. V., IT-SecCity (2004): Wie funktioniert ein VPN,
http://www.itseccity.de/?url=/content/produkte/hintergrund/040801_pro_hin_s
eccity_bpvpn_2.html, Stand 09.08.2007

o. V., MTS-Teleserivce (o. J.): Vergleich herkömmliche VPNs mit MPLS-
basierenden VPNs, http://www.mts-
teleservice.de/download/Vergleich_VPNs_mit_MPLS-basierenden_VPNs.pdf,
Stand 15.08.2007

o. V., Ifaktor GmbH (o. J.): Die Funktionsweise von Citrix,
http://www.ifaktor.de/citrix/citrix_funktionsweise.php, Stand 15.08.2007

Schindler, M., CNET Networks Deutschland GmbH (2007): Thin Clients rechnen
sich auch für kleine Unternehmen,
http://www.silicon.de/enid/client_server_host/28760, Stand 15.08.2007

Schneier, B., Schneier.com (1998): Cryptanalysis of Microsoft's Point-to-Point-
Tunneling Protocol, http://www.schneier.com/paper-pptp.pdf, Stand
10.08.2007

Sebald, A., Linux New Media AG (2004): Linux-Terminalserver – eine Übersicht,
http://www.linux-magazin.de/heft_abo/ausgaben/2004/09/einer_fuer_alle,
Stand 15.08.2007

Steppuhn, M., ITSecCity (2002): Vertrauliche Informationen über VPN,
http://www.itseccity.de/?url=/content/fachbeitraege/grundlagen/020525_fac_g
ru_verio.html, Stand 10.08.2007

Sterl, P., Fachhochschule München (2004): Windows 2003 Terminal Dienste (TS)
Überblick und Betrieb, www.informatik.fh-
muenchen.de/~heigert/seminar/docs/Sterl%20Terminalserver.ppt, Stand
11.08.2007